Claude Vivier
Hymnen an die Nacht

for Soprano and Piano

HENDON MUSIC

BOOSEY & HAWKES

AN IMAGEM COMPANY

DISTRIBUTED BY

HAL•LEONARD®
CORPORATION
7777 W. BLUEMOUND RD. P.O. BOX 13819 MILWAUKEE, WI 53213

www.boosey.com
www.halleonard.com

Responsables de la collection/ *Editors:* Paul Gerrits, Marie Lévesque, Université Laval, Québec
Gravure/ *Engraving:* Lise Durocher

Note de l'éditeur
Dans un souci de respect pour l'oeuvre de Claude Vivier, l'éditeur et "Les amis de Claude Vivier" ont révisé le manuscrit avec certains musiciens qui connaissent bien son écriture.
Nous remercions le compositeur **Michel Longtin** et le pianiste **Louis-Phillipe Pelletier** pour leur précieuse collaboration à l'édition de HYMNEN AN DIE NACHT.

Né à Montréal, le 14 avril 1948, **Claude Vivier** étudie la composition avec Gilles Tremblay et le piano avec Irving Heller au Conservatoire de Montréal. Puis à Cologne, il poursuit des études de composition avec Karlheinz Stockhausen, d'électroacoustique avec Hans Ulrich Humpert. Il étudie également avec Gottfried Michael Koenig à l'Institut de sonologie d'Utrecht.

Boursier du Conseil des Arts du Canada à plusieurs reprises, il est nommé Compositeur de l'année par le Conseil canadien de la musique, en 1981.

Ses années d'études en Europe feront éclore sa personnalité musicale caractérisée par une prédilection pour la monodie et pour la voix, par l'importance accordée aux textes et par une écriture qui se détachera progressivement des courants de la musique contemporaine.

En 1977, Claude Vivier fait un long séjour en Asie et au Proche-Orient. Ce voyage a une influence significative sur sa musique; la très grande diversité des influences qu'il y recueille se traduira paradoxalement par l'épuration de son expression musicale. La mélodie prend une importance de plus en plus grande et confirme sa conception de la musique comme devant être intégrée à la vie quotidienne.

Après quelques années d'enseignement à Montréal, Claude Vivier se consacre uniquement à son oeuvre. Il fut au nombre des rares compositeurs à vivre uniquement de sa musique.

Il écrivait une oeuvre prophétiquement intitulée "Crois-tu en l'immortalité de l'âme" lorsqu'il mourut prématurément à Paris le 7 mars 1983.

Claude Vivier laisse une quarantaine d'oeuvres marquées d'un style parmi les plus personnels et les plus expressifs dans l'évolution de la musique canadienne.

La pièce présentée ici fait partie de sept compositions écrites en 1975 pour "Tremblin international" des CONCOURS DE MUSIQUE DU CANADA.

Born April 14th 1948 in Montreal, **Claude Vivier** studied composition with Gilles Tremblay and piano with Irving Heller at the Conservatory there. He subsequently went to Europe to study composition with Karlheinz Stockhausen and electronic music with Gottfried Michael Koenig and Hans Ulrich Humpert.

He obtained several grants from the Canada Council and was named "Composer of the Year" by the Canadian Music Council in 1981.

The two years of study with Stockhausen revealed a musical personality with a strong predilection for monody and for writing for the voice (solo and choral), but it also began to show the importance Vivier was to place on texts and unveiled a style of writing that was to stray progressively farther from the usual contemporary music trends to become more and more personal and transparent.

In 1977 Claude Vivier undertook a long journey to Asia and the Middle East. This trip had a significant influence on his writing. The great variety of musical influences he received had the effect, paradoxically, of purifying his own musical expression. Melody gradually occupies a foremost position in his works and his concept of music as being an integral part of daily life is confirmed.

Following a few years of teaching in Montreal, Claude Vivier devoted his time entirely to composition. He was writing a piece prophetically titled "Do you believe in the immortality of the soul", when he died in Paris the 7th of March 1983.

He left some forty works characterized by one of the most personal and expressive styles in the evolution of Canadian music. The present piece is part of a series of seven compositions written in 1975 for "Tremplin international" of the CONCOURS DE MUSIQUE DU CANADA.

Als **Claude Vivier** kurz bevor seinem 35. Geburtstag starb, trauerte die Musikwelt über "der Verlust eines besonders begabten Komponisten" (LE DEVOIR, Montreal). **Claude Vivier** wurde am 14. April 1948 in Montreal geboren und studierte Komposition mit Gilles Tremblay und Klavier mit Irving Heller am dortigen Konservatorium. Er setzte seine Studien in Europa fort mit Karlheinz Stockhausen (Komposition) und Gottfried Michael Koenig und Hans Ulrich Humpert (Electroakustik).

Er erhielt mehrere Stipendien vom Kanadischen Kulturrat; 1981 wurde er vom Kanadischen Musikrat zum "Komponisten des Jahres" gewählt.

Die Studien mit Stockhausen entwickelten in ihm eine starke Neigung für Monodie und Vokalmusik im Allgemeinen und sein Kompositionsstil verlässt allmählich herrschende musikalische Strömungen.

Ein längerer Aufenthalt in Asien und im Nahen Osten (1977) beeinflusste wesentlich Claude Vivier's Schreibweise. Die Mannigfaltigkeit der musikalischen Eindrücke dieser Reise brachte, paradoxalerweise, eine Klärung seines musikalischen Ausdrucks. Die Melodie gewinnt mehr und mehr Bedeutung und sein Konzept der Musik als integrierter Teil des Alltags wird bestätigt.

Nach einigen Jahren Lehrtätigkeit in Montreal, konnte Claude Vivier einzig von seinen Kompositionen leben. Er arbeitete an einem Werk mit dem prophetischen Titel "Glaubst Du an die Unsterblichkeit der Seele", als er am 7 März 1983 in Paris starb.

Seine mehr als 40 Werke gehören zum Persönlichsten und Ausdruckvollsten Kanadischer Musik.

Das vorliegende Stück ist einer von sieben Kompositionen geschrieben in 1975 für "Tremplin international" vom CONCOURS DE MUSIQUE DU CANADA.

dédié à Marie-Danielle Parent

HYMNEN AN DIE NACHT

1975

Novalis-Vivier

Claude Vivier
1948-1983

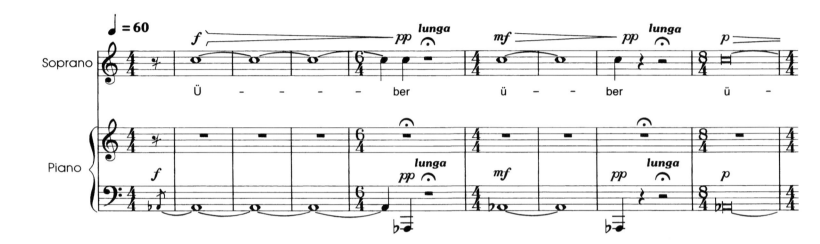

* voir facsimile pour notation originale
see facsimile for original notation

reich an Klein - o - dien* an Klein - o - dien und reich an Klein - - o - dien herr - li - chen

Wun - dern Wun - dern und herr - li - chen Wun - dern Wun-dern Wun - dern Wun - dern

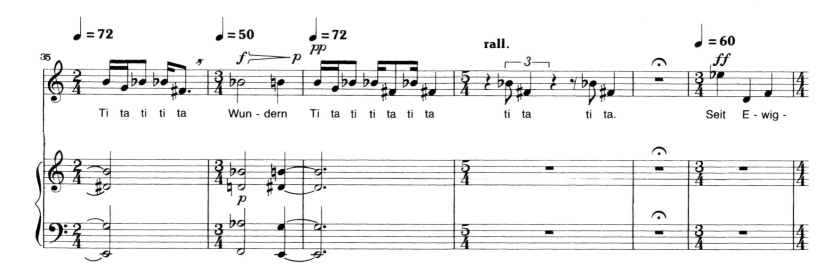

Ti ta ti ti ta Wun - dern Ti ta ti ti ta ti ta ti ta ti ta. Seit E - wig-

* Orig.: Kleinoden

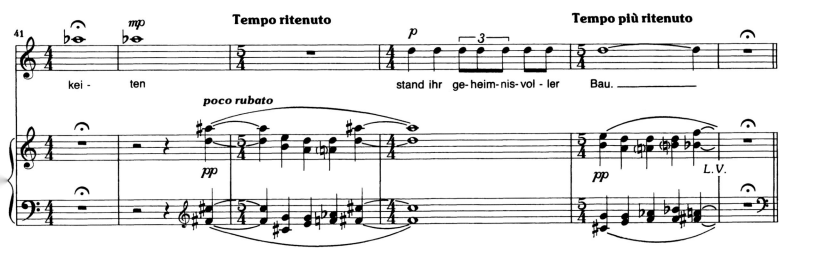

ca 5'

Facsimile de la 2e page du manuscrit